BLAZERS™
Bilingüe/Bilingual

CABALLOS DE FUERZA/
HORSEPOWER

AUTOS DEPORTIVOS/
SPORTS CARS

por/by Matt Doeden

Consultora de Lectura/Reading Consultant:
Barbara J. Fox
Especialista en Lectura/Reading Specialist
Universidad del Estado de Carolina del Norte/
North Carolina State University

Capstone
press®

Mankato, Minnesota

Blazers is published by Capstone Press,
151 Good Counsel Drive, P.O. Box 669, Mankato, Minnesota 56002.
www.capstonepress.com

Library of Congress Cataloging-in-Publication Data
Doeden, Matt.
  [Sports cars. Spanish & English]
  Autos deportivos/por Matt Doeden = Sports cars/by Matt Doeden.
  p. cm.—(Blazers—caballos de fuerza = Blazers—horsepower)
  Includes index.
  ISBN-13: 978-0-7368-6639-2 (hardcover)
  ISBN-10: 0-7368-6639-6 (hardcover)
  1. Sports cars—Juvenile literature. I. Title: Sports cars. II. Title. III.
Series: Blazers—caballos de fuerza.
TL236.D6418 2007
629.222'1—dc22
                                                        2006008506

Summary: Discusses features of famous models of sports cars, including
  the Viper, Corvette, Porsche, Ferrari, and Lamborghini—in both
  English and Spanish.

Editorial Credits
Tom Adamson, editor; Jason Knudson, designer; Jo Miller, photo
  researcher; Eric Kudalis, product planning editor; settingPace LLC,
  production services; Strictly Spanish, translation services

Photo Credits
Drew Phillips, 5, 6–7, 9, 11, 27
Getty Images Inc./Bill Pugliano, 24
Mercury Press/Isaac Hernandez, cover, 19
Ron Kimball Stock/Ron Kimball, 13, 15, 16–17, 20, 21, 23, 26, 28–29

1 2 3 4 5 6 11 10 09 08 07 06

TABLE OF CONTENTS

TABLA DE CONTENIDOS

Corvette Test/ Prueba a un Corvette

A driver pulls a red Chevrolet Corvette Z06 onto a test track. He stomps on the gas pedal. The tires squeal.

Un piloto lleva un Corvette Z06 de Chevrolet a una pista de pruebas. Pisa a fondo el acelerador. Las llantas chillan.

Within seconds, the car is going 100 miles (160 kilometers) per hour. The driver speeds up. He is testing the engine's power.

En segundos, el auto alcanza las 100 millas (160 kilómetros) por hora. El piloto acelera. Está probando la potencia del motor.

The driver cranks the wheel on a sharp curve. The car moves smoothly. The driver speeds up again.

El piloto gira el volante en una curva cerrada. El auto se mueve suavemente. El piloto vuelve a acelerar.

BLAZER FACT

Corvettes are made in Bowling Green, Kentucky.

DATO BLAZER

Los Corvettes se hacen en Bowling Green, Kentucky.

Sports Car Design/ Diseño de un auto deportivo

Sports cars are fast. They are low to the ground. Sports cars are built for looks and speed.

Los autos deportivos son rápidos. Son bajitos. Los autos deportivos están hechos para verse bien y para ser veloces.

Most sports cars have 8-cylinder engines. Some engines have up to 12 cylinders. More cylinders mean more power.

La mayoría de los autos deportivos tienen motores de 8 cilindros. Algunos motores tienen hasta 12 cilindros. Más cilindros significan más potencia.

BLAZER FACT

Sports car engines have cylinders in the shape of a V. This one is a V-10 engine.

DATO BLAZER

Los motores de los autos deportivos tienen cilindros que forman una V. Este es un motor V-10.

Some sports cars have a spoiler.
The spoiler looks like a wing. It
helps the driver control the car.

Algunos autos deportivos tienen
un alerón. El alerón se parece a un ala.
Ayuda al conductor a controlar el auto.

Spoiler/
Alerón

Spoiler/
Alerón

Hood/
Capó

Tire/
Llanta

17

U.S. Sports Cars/ Autos Deportivos de los Estados Unidos

Dodge built the first Viper in 1989 as a test car. The Viper has the most powerful engine built in the United States.

Dodge hizo el primer Viper en 1989 como auto de prueba. El Viper tiene el motor más potente fabricado en los Estados Unidos.

2004 Dodge Viper SRT-10

Top speed:	190 miles per hour (306 kilometers per hour)
0–60 mph:	3.9 seconds
Cost:	$80,000

Viper SRT-10 2004 de Dodge

Velocidad máxima:	190 millas por hora (306 kilómetros por hora)
0–60 mph:	3.9 segundos
Costo:	$80,000

In 1953, Chevrolet built 300 Corvettes.
Today, Corvettes are smaller and faster. They
are lower to the ground.

En 1953, Chevrolet hizo 300 Corvettes. En la
actualidad, los Corvettes son de menor tamaño
y más veloces. Son más bajitos.

BLAZER FACT

The first Corvettes were white with red interiors.

2004 Chevrolet Corvette Z06

Top speed: 171 miles per hour
(275 kilometers per hour)
0–60 mph: 3.9 seconds
Cost: $52,000

DATO BLAZER

Los primeros Corvettes eran blancos con interiores rojos.

Corvette 2004 de Chevrolet Z06

Velocidad máxima: 171 millas por hora
(275 kilómetros por hora)
0–60 mph: 3.9 segundos
Costo: $52,000

European Models/
Modelos Europeos

The Porsche 911 has been one of the world's most popular sports cars since 1964. The Porsche 911 Cabriolet is a convertible.

El Porsche 911 ha sido uno de los autos deportivos más populares en el mundo desde 1964. El Porsche 911 Cabriolet es convertible.

2004 Porsche 911 Turbo Cabriolet

Top speed: 189 miles per hour
(304 kilometers per hour)
0–60 mph: 4.3 seconds
Cost: $128,200

Porsche 911 Turbo Cabriolet 2004

Velocidad máxima: 189 millas por hora
(304 kilómetros por hora)
0–60 mph: 4.3 segundos
Costo: $128,200

In 1929, Enzo Ferrari started his car company in Italy. The Ferrari Scaglietti is the newest model. The first Scaglietti was built in 2004.

En 1929, Enzo Ferrari inició su empresa automotriz en Italia. El Ferrari Scaglietti es el modelo más reciente. El primer Scaglietti se fabricó en el año 2004.

2004 Ferrari 612 Scaglietti

Top speed:	196 miles per hour (315 kilometers per hour)
0–60 mph:	4.2 seconds
Cost:	$240,000

Ferrari 612 Scaglietti 2004

Velocidad máxima:	196 millas por hora (315 kilómetros por hora)
0–60 mph:	4.2 segundos
Costo:	$240,000

The Lamborghini Murcielago is very powerful. It has a 12-cylinder engine. The car's low build is perfect for sharp corners.

El Lamborghini Murciélago es muy potente. Tiene un motor de 12 cilindros. La forma baja del auto es perfecta para las esquinas cerradas.

BLAZER FACT

Murcielago was the name of a famous and tough bull that fought in bullfights.

2004 Lamborghini Murcielago

Top speed: 205 miles per hour
(330 kilometers per hour)

0–60 mph: 3.8 seconds

Cost: $384,600

DATO BLAZER

Murciélago era el nombre de un famoso toro bravo que participó en corridas de toros.

Lamborghini Murciélago 2004

Velocidad máxima: 205 millas por hora
(330 kilómetros por hora)

0–60 mph: 3.8 segundos

Costo: $384,600

1999 FERRARI 360 MODENA/
FERRARI 360 MODENA 1999

GLOSSARY

convertible—a car with a top that can be put down

cylinder—a hollow chamber inside an engine in which fuel burns to create power

mph—the abbreviation for miles per hour

spoiler—a wing-shaped part attached to the rear of a sports car that helps improve the car's handling

INTERNET SITES

FactHound offers a safe, fun way to find Internet sites related to this book. All of the sites on FactHound have been researched by our staff.

Here's how:

1. Visit *www.facthound.com*
2. Choose your grade level.
3. Type in this book ID **0736866396** for age-appropriate sites. You may also browse subjects by clicking on letters, or by clicking on pictures and words.
4. Click on the **Fetch It** button.

FactHound will fetch the best sites for you!

GLOSARIO

el alerón—una pieza en forma de ala que se instala en la parte trasera de un auto deportivo y que ayuda a mejorar el manejo del auto

el cilindro—una cámara hueca dentro de un motor en el que se consume combustible para crear energía

el convertible—un auto cuyo techo puede bajarse

mph—abreviatura de millas por hora

SITIOS DE INTERNET

FactHound proporciona una manera divertida y segura de encontrar sitios de Internet relacionados con este libro. Nuestro personal ha investigado todos los sitios de FactHound. Es posible que los sitios no estén en español.

Se hace así:

1. Visita *www.facthound.com*
2. Elige tu grado escolar.
3. Introduce este código especial **0736866396** para ver sitios apropiados según tu edad, o usa una palabra relacionada con este libro para hacer una búsqueda general.
4. Haz clic en el botón **Fetch It.**

¡FactHound buscará los mejores sitios para ti!

INDEX

ÍNDICE